नई दिल्ली में छोटा बंगाल

चित्तरंजन पार्क गाइडबुक

शिव प्रसाद बोस

यह पुस्तक चित्तरंजन पार्क के वर्तमान, भूत और भविष्य के सभी निवासियों को समर्पित है।

क्रम-सूची

प्रस्तावना

चित्तरंजन पार्क (सीआर पार्क) दक्षिण दिल्ली में एक आवासीय कॉलोनी है, जो ग्रेटर कैलाश 1 और 2 से घिरा है और नेहरू प्लेस, अलकनंदा, कालकाजी और गोविंदपुरी जैसे क्षेत्रों के करीब स्थित है। कोलकाता शैली के स्ट्रीट फूड, बंगाली संस्कृति और यहां मनाए जाने वाले त्योहारों के कारण इसे कभी-कभी "लिटिल कोलकाता" और "लिटिल बंगाल" कहा जाता है।

सीआर पार्क एक बंगाली बहुल कॉलोनी है जिसे मूल रूप से पूर्वी बंगाल के विभाजन के शरणार्थियों के लिए विकसित किया गया था, लेकिन हाल ही में यह अधिक विविध हो गया है। पहले इसे ईपीडीपी कॉलोनी या पूर्वी पाकिस्तान विस्थापित व्यक्ति कॉलोनी और पुरबचल कहा जाता था। यह एक सांस्कृतिक प्रतीक है जो अपनी दुर्गा पूजा, बंगाली स्नैक्स और मिठाइयों के लिए प्रसिद्ध है।

इस पुस्तक में हम सीआर पार्क में प्रसिद्ध स्थलों और त्योहारों पर चर्चा करते हैं। यह आंशिक रूप से उन लोगों के लिए एक यात्रा गाइड बनने का इरादा है जो नई दिल्ली में बंगाली संस्कृति के इस सूक्ष्म जगत का अनुभव करना चाहते हैं।

1

चित्तरंजन पार्क और दिल्ली में बंगालियों का इतिहास

इस अध्याय में हम दिल्ली और सीआर पार्क में बंगालियों के इतिहास के बारे में संक्षेप में चर्चा करते हैं।

1.1 ब्रिटिश और पूर्व-ब्रिटिश युग में दिल्ली में बंगाली बस्तियाँ

दिल्ली में बंगाली मुगल काल से ही निवास कर रहे हैं। हालाँकि उनकी जनसंख्या में तब वृद्धि हुई जब 1911 में अंग्रेजों द्वारा भारत की राजधानी को कोलकाता से दिल्ली स्थानांतरित कर दिया गया और अगले कुछ वर्षों में कोलकाता से कई बंगाली सरकारी कर्मचारी दिल्ली चले गए।

अधिकांश बंगाली 20 वीं शताब्दी में पुरानी दिल्ली के क्षेत्रों जैसे कश्मीरी गेट, तीस हजारी, गोल मार्केट, मिंटो रोड और आरके पुरम में बस गए। दिल्ली में सबसे पुराने काली मंदिर और दुर्गा पूजा इन्हीं स्थानों के आसपास हैं।

कश्मीरी गेट में बंगाली क्लब जैसे सांस्कृतिक संस्थान और बंगाली स्कूल जैसे स्कूल 20 वीं शताब्दी की शुरुआत में बनाए गए थे।

चित्र: कश्मीरी गेट में बंगाली सीनियर सेकेंडरी स्कूल का भवन, जो कश्मीरी गेट दुर्गा पूजा का स्थल भी है

चित्र: कश्मीरी गेट दुर्गा पूजा में मां दुर्गा की आरती करते पुजारी

चित्र: गोल मार्केट काली बाड़ी मंदिर का प्रवेश द्वार

1.2 भारत के विभाजन के बाद बंगालियों का आप्रवासन

दिल्ली में बंगाली आप्रवासन की अगली बड़ी लहर 1940 और 1950 के दशक में आई, जब भारत के विभाजन के समय पूर्वी बंगाल या पूर्वी पाकिस्तान (बाद में 1972 के बाद बांग्लादेश) से कई हिंदू बंगाली आए। कई नए बंगाली अप्रवासी मूल रूप से कश्मीरी गेट और अन्य क्षेत्रों में बस गए जहां बंगाली पहले से रह रहे थे। पूर्वी बंगाल विस्थापित व्यक्तियों (ईबीडीपी) एसोसिएशन का गठन 1954 में विभाजन के विस्थापित व्यक्तियों के समर्थन और देखभाल के लिए किया गया था।

1960 के दशक की शुरुआत में भारत सरकार ने बंगालियों को जमीन का एक टुकड़ा आवंटित किया जो मूल रूप से एक जंगली और चट्टानी क्षेत्र था। मूल आवंटियों को पूर्वी बंगाल मैं उनकी संपत्ति के कुछ सबूत दिखाने पर भूमि के भूखंड दिए गए थे। उसके बाद, कई नए बंगाली शरणार्थी उस स्थान पर चले गए।

संदर्भ के लिए, भारत सरकार द्वारा भी इसी तरह का एक भूखंड हिंदू पंजाबियों को दिया गया था जो विभाजन के बाद पश्चिम पंजाब से दिल्ली आए थे और स्वतंत्रता सेनानी लाला लाजपत राय के नाम पर इसका नाम लाजपत नगर रखा गया था।

बंगाली कॉलोनी को मूल रूप से ईपीडीपी कॉलोनी (पूर्वी पाकिस्तान विस्थापित व्यक्ति कॉलोनी) और पुरबचल कहा जाता था और बाद में सम्मानित स्वतंत्रता सेनानी देशबंधु चितरंजन दास के नाम पर इसका नाम बदलकर चितरंजन पार्क (संक्षेप में सीआर पार्क) कर दिया गया।

दिल्ली विकास प्राधिकरण या डीडीए ने सीआर पार्क में कई मूल घरों के निर्माण में मदद की, साथ ही पास के कालकाजी में डीडीए फ्लैट नामक एक अलग आवासीय कॉलोनी का निर्माण किया।

1.3 सीआर पार्क कॉलोनी का विकास

जल्द ही सीआर पार्क के जंगली और चट्टानी इलाके एक आवासीय कॉलोनी में विकसित हो गए। पहाड़ी की चोटी पर एक काली मंदिर, बंगिया समाज हॉल और चितरंजन मेमोरियल सोसाइटी जैसे सांस्कृतिक संस्थान और बाजार जहां कोई बंगाली भोजन और अन्य आपूर्ति खरीद सकता था, जैसे निर्माण पूरे किए गए।

आजकल सीआर पार्क दक्षिण दिल्ली में एक समृद्ध कॉलोनी माना जाता है। आम तौर पर और विशेष रूप से दक्षिण दिल्ली में घर की कीमतों में वृद्धि के कारण, किराए पर या खरीदने के लिए यहां एक फ्लैट प्राप्त करना अपेक्षाकृत महंगा है।

उदाहरण के तौर पर, सीआर पार्क में 2 बीएचके फ्लैट के मैजिकब्रिक्स डॉट कॉम में किराया 25000 रुपये और कभी-कभी 40000 रुपये प्रति माह से ऊपर है। सीआर पार्क में बिक्री के लिए फ्लैट 2022 में 2.4 करोड़ रुपये से ऊपर हैं।

संदर्भ:

- https://www.magicbricks.com/2-bhk-flats-for-rent-in-chittaranjan-park-new-delhi-pppfr
- https://www.magicbricks.com/flats-in-chittaranjan-park-new-delhi-for-sale-pppfs

सीआर पार्क में घरों को ब्लॉक में बांटा गया है। इन ब्लॉकों को ब्लॉक ए से ब्लॉक के तक के नाम दिए गए हैं, साथ ही बाद में मांग पर बनाए गए अतिरिक्त फ्लैटों को पॉकेट 40 और पॉकेट 52 या नवपल्ली नाम दिया गया है। इनमें से प्रत्येक ब्लॉक में एक या एक से अधिक पार्क हैं जो बच्चों के खेल के मैदान के रूप में, सुबह की सैर या शाम की सैर के लिए और दुर्गा पूजा और अन्य त्योहारों को मनाने के लिए पंडाल बनाने के लिए उपयोग किए जाते हैं ।

चित्र: सीआर पार्क में हाल ही में निर्मित मल्टी फ्लोर फ्लैट कॉम्प्लेक्स

चित्र: पुरानी शैली के कुछ बहुमंजिला मकान

मूल रूप से 1970 और 1980 के दशक में निर्मित पुराने शैली के घरों में आम तौर पर एक से तीन मंजिलें होती हैं, लेकिन बिल्डरों द्वारा निर्मित कई आधुनिक बहु-फ्लैट घरों में 4 या उससे भी अधिक मंजिलें हो सकती हैं।

इस क्षेत्र में अब कई सेवानिवृत्त लोग रह रहे हैं, क्योंकि फ्लैटों के मूल आवंटी ज्यादातर सेवानिवृत्त हो चुके हैं या बहुत बुजुर्ग हैं।

2

सीआर पार्क में महत्वपूर्ण इमारतें और स्थलचिह्न

नई दिल्ली में अपेक्षाकृत हालिया कॉलोनी होने के बावजूद, सीआर पार्क में कुछ ऐसे स्थल हैं जो निवासियों से परिचित हैं और आगंतुकों के लिए देखने लायक हैं। इस अध्याय में, हम सीआर पार्क में कुछ महत्वपूर्ण स्थलों पर चर्चा करते हैं।

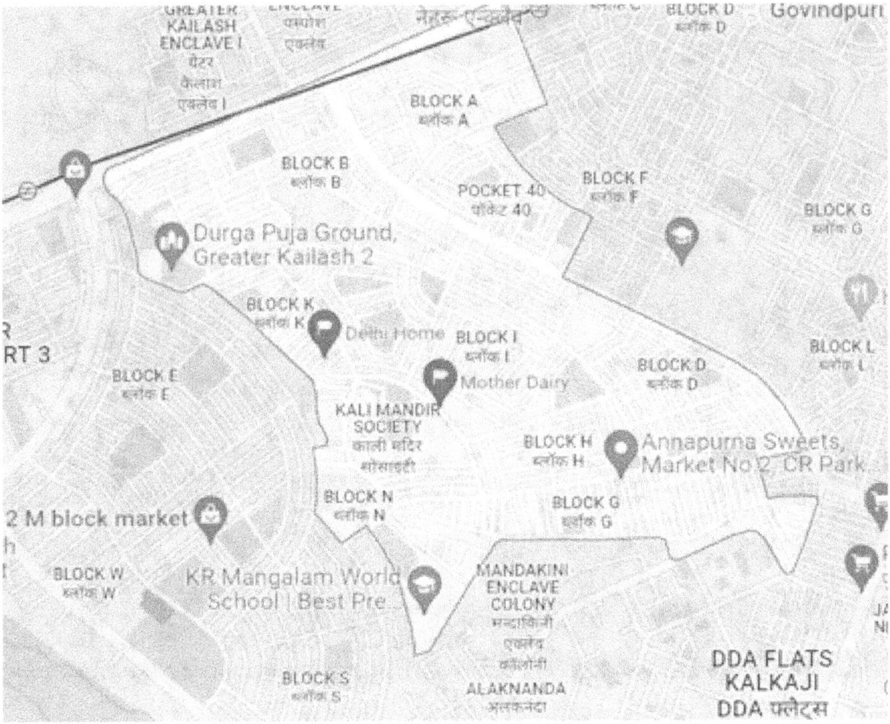

चित्र: कुछ आवासीय ब्लॉकों के साथ सीआर पार्क का नक्शा, गूगल मैप्स से लिया गया

2.1 नई दिल्ली में सीआर पार्क का स्थान

दक्षिण में कालकाजी, उत्तर और पश्चिम में ग्रेटर कैलाश, पूर्व में गोविंदपुरी और पश्चिम में जहांपनाह जंगल से घिरा, सीआर पार्क दक्षिण दिल्ली में एक आवासीय कॉलोनी है।

2.2 आवासीय ब्लॉक

सीआर पार्क में कई ब्लॉक हैं जिन्हें ब्लॉक ए से ब्लॉक के तक वर्णानुक्रम में नामित किया गया है, जिसमें अतिरिक्त एक्सटेंशन पॉकेट 40 और पॉकेट 52 बाद में जोड़े गए हैं।

कौन प्रवेश कर रहा है और कौन जा रहा है, इस पर नज़र रखने के लिए अधिकांश आवासीय ब्लॉक अब गेट पर सुरक्षा गार्ड के साथ हैं। प्रत्येक ब्लॉक का प्रबंधन उनके अपने आरडब्ल्यूए या रेजिडेंट्स वेलफेयर एसोसिएशन द्वारा किया जाता है, जो सहकारी समितियां हैं।

2.3 सीआर पार्क में मुख्य सड़क

सीआर पार्क में मुख्य सड़क का नाम बिपिन चंद्र पाल मार्ग है, जो बाजार 1 को बाजार 2 से जोड़ता है और सीआर पार्क के सभी ब्लॉक इस सड़क के दोनों ओर स्थित हैं।

चित्र 4. सीआर पार्क में रायसीना बंगाली स्कूल

2.4 सीआर पार्क में स्कूल

1970 के दशक में स्थापित मुख्य सड़क पर रायसीना बंगाली स्कूल नामक एक स्कूल है, जो अंग्रेजी माध्यम है और कक्षा 1 से 12 तक के सीबीएसई पाठ्यक्रम का अनुसरण करता है। इसमें कक्षा 8 तक अनिवार्य विषय के रूप में बंगाली भाषा है। इसकी दो शाखाएँ हैं, मंदिर मार्ग में एक शाखा, गोल मार्केट में बेयर्ड लेन के पास और सीआर पार्क में एक शाखा।

कुछ अन्य छोटे स्कूल भी हैं। देशबंधु कॉलेज परिसर भी सीआर पार्क के नजदीक है।

पता है: रायसीना बंगाली स्कूल, एम ब्लॉक और पी ब्लॉक -2151-52, चित्तरंजन पार्क, नई दिल्ली, दिल्ली 110019

2.5 सीआर पार्क में पार्क और खेल के मैदान

सीआर पार्क में प्रत्येक ब्लॉक सुनियोजित है, जिसमें बच्चों के खेलने के लिए पार्क और निवासियों के लिए सुबह की सैर और व्यायाम करने के लिए पार्क हैं। सबसे बड़े पार्क को मेला ग्राउंड कहा जाता है और यह मार्केट नंबर 2 के करीब है।

2.6 सीआर पार्क में बाजार

सीआर पार्क में चार मुख्य बाजार हैं। मार्केट नंबर 1 ब्लॉक सी के करीब है, मार्केट 2 ब्लॉक डी और जी के करीब है, मार्केट 3 ब्लॉक ए और बी के करीब है और मार्केट 4 ब्लॉक के के करीब है।

इन बाजारों में विभिन्न प्रकार की दुकानें हैं जैसे कि मोबाइल फोन की दुकानें, किराना की दुकानें, नाई की दुकानें, इंटरनेट कैफे, फोटो की दुकानें, बनिक दशाकर्म भंडार, पुस्तक स्टाल और भोजन स्टाल। बाजार 1 और 2 में बंगालियों की पसंदीदा रोहू और हिल्सा जैसी नदी की मछली खरीदने के लिए मछली बाजार भी है।

2.7 सीआर पार्क में सांस्कृतिक संगठन

सीआर पार्क में कुछ बंगाली सांस्कृतिक संस्थान हैं। चित्तरंजन पार्क बंगिया समाज और देशबंधु चित्तरंजन स्मारक समाज दो महत्वपूर्ण संस्थाएं हैं। उनके पास समर्पित इमारतें हैं जो सांस्कृतिक गतिविधियों का केंद्र हैं। दोनों मार्केट नंबर 1 के पास स्थित हैं।

ईस्ट बंगाल डिसप्लेस्ड पर्सन्स एसोसिएशन है जिसका एक भवन बाजार संख्या 4 के पास और काली मंदिर के सामने है।

के ब्लॉक में स्थित पूर्वाश्री महिला समिति नामक महिलाओं के लिए एक सामाजिक कल्याण संगठन है। इसमें एक हॉल भी है जिसका उपयोग सांस्कृतिक उद्देश्यों के लिए किया जाता है।

पते इस प्रकार हैं:

चित्तरंजन पार्क बंगिया समाज: बंगिया समाज भवन, सी-405, चित्तरंजन पार्क, नई दिल्ली, दिल्ली 110019

देशबंधु चित्तरंजन मेमोरियल सोसायटी: जे-1838, बिपिन चंद्र पाल मार्ग, इलाहाबाद बैंक के पास, ब्लॉक जे, चित्तरंजन पार्क, नई दिल्ली, दिल्ली 110019

ईस्ट बंगाल विस्थापित व्यक्ति संघ: I-1597, ब्लॉक I, चित्तरंजन पार्क, नई दिल्ली, दिल्ली 110019

महिला समिति हॉल: K1989, चित्तरंजन पार्क रोड, ब्लॉक K, EPDP कॉलोनी, चित्तरंजन पार्क, नई दिल्ली, दिल्ली 110019

2.8 सीआर पार्क में मंदिर और अन्य पूजा स्थल

सीआर पार्क में कुछ बंगाली हिंदू मंदिर भी हैं, खासकर काली मंदिर। इनका वर्णन निम्नलिखित अध्यायों में किया गया है।

ग्रेटर कैलाश 1, कालकाजी में आर्य समाज और कई अन्य पूजा स्थलों के पास एक बड़ा सिख गुरुद्वारा भी है।

काली मंदिर का पता इस प्रकार है:

सीआर पार्क काली मंदिर: सीआर पार्क मेन रोड, काली मंदिर सोसाइटी, चित्तरंजन पार्क, के1/54, डॉक्टर रोड, नई दिल्ली, दिल्ली 110019

2.9 नागरिक सुविधाएं

सीआर पार्क का अपना पुलिस थाना है जो मुख्य काली मंदिर के सामने और बाजार संख्या 4 के पास है। यह पुलिस थाना निवासियों की सुरक्षा को बढ़ाने में एक बड़ी भूमिका निभाता है।

पहली मंजिल पर मार्केट नंबर 4 में पोस्ट ऑफिस है। सीआर पार्क में कई बैंकों की शाखाएं और एटीएम भी हैं।

एक कचरा पुनर्चक्रण केंद्र है जो मेला ग्राउंड और मार्केट नंबर 2 के पास है।

कुछ एलोपैथिक और होम्योपैथिक डॉक्टर भी सीआर पार्क में रहते हैं और दैनिक क्लीनिक चलाते हैं। इनमें से उल्लेखनीय डॉ कल्याण बनर्जी हैं जो एक प्रसिद्ध होम्योपैथ हैं और उन्होंने कई पुरस्कार जीते हैं। अरिस्टन अस्पताल नामक एक अस्पताल भी है और कुछ नैदानिक परीक्षण प्रयोगशालाएं भी पास में हैं।

सावित्री सिनेमा हॉल सीआर पार्क से थोड़ी पैदल दूरी पर ग्रेटर कैलाश 2 में स्थित है।

3

सीआर पार्क काली मंदिर और अन्य मंदिर

इस अध्याय में हम सीआर पार्क के बंगाली मंदिरों, विशेष रूप से प्रसिद्ध काली मंदिर पर चर्चा करते हैं।

चित्र: तीन मंदिर भवन, भगवान शिव, राधाकृष्ण और मां काली को समर्पित हैं

3.1 पहाड़ी पर काली मंदिर

इस मंदिर को शिव मंदिर और काली मंदिर भी कहा जाता है। मंदिर परिसर एक पहाड़ी पर स्थित है। यह 3 मुख्य मंदिरों से बना है, जो क्रमशः राधा कृष्ण, माँ काली और शिव

को समर्पित हैं। मंदिरों की वास्तुकला पारंपरिक बंगाली शैली में है और दीवारों में बंगाली पारंपरिक शैली में भी देवताओं के चित्र हैं।

मंदिर में एक अच्छा गुलाब का बगीचा भी है।

सीआर पार्क में काली मंदिर दुर्गा पूजा, काली पूजा और सरस्वती पूजा जैसे अधिकांश बंगाली पूजा मनाता है। प्रसाद और भोग देवी को चढ़ाया जाता है और फिर लोगों के बीच वितरित किया जाता है। अक्सर त्योहारों के दौरान स्वादिष्ट शाकाहारी भोग लेने के लिए मंदिर में लंबी कतारें लगती हैं।

मंदिर के पुजारी विवाह, दीक्षा और श्राद्ध जैसे अनुष्ठान करने के लिए भी उपलब्ध हैं।

मंदिर रवींद्रनाथ के जन्मदिन जैसे कई बंगाली सांस्कृतिक कार्यक्रमों की भी व्यवस्था करता है। सांस्कृतिक कार्यक्रमों के लिए कभी-कभी कलाकारों को कोलकाता से लाया जाता है।

काली मंदिर में एक छोटा पुस्तकालय भी है जिसमें बच्चों की किताबों, अंग्रेजी उपन्यासों और समाचार पत्रों का चयन है। यह एक मेडिकल डिस्पेंसरी भी चलाता है।

मंदिर श्री श्री बालानंद धर्मशाला नामक एक छोटा धर्मशाला भी चलाता है, जहाँ बाहर के लोग थोड़ी देर के लिए रुक सकते हैं। इसमें एक छोटा संलग्न शाकाहारी रेस्तरां भी है।

चित्र: मुख्य काली मंदिर की इमारत, पारंपरिक बंगाली वास्तुकला के साथ

चित्र: माँ काली मंदिर के अंदर की तस्वीर

चित्र: सीआर पार्क मार्केट 1 में व्यस्त काली मंदिर में दर्शनार्थी

3.2 बाजार क्रमांक 1 . में काली मंदिर

मछली बाजार के ठीक बगल में सीआर पार्क मार्केट नंबर 1 में एक छोटा लेकिन काफी व्यस्त काली मंदिर है।

इसमें कई हिंदू देवताओं विशेष रूप से मां काली, श्री कृष्ण, श्री राम और हनुमान के मंदिर हैं। यह दुर्गा पूजा और काली पूजा जैसे महत्वपूर्ण त्योहारों को भी मनाता है। दुर्गा पूजा के दिनों में, इस मंदिर में पुष्पांजलि दे सकते हैं और बड़े पंडालों में भीड़ से बच सकते हैं। इसमें शाम को देवी काली की आरती भी होती है।

चित्र: बाजार क्रमांक 2 के पीछे शनि मंदिर

3.3 मार्केट नंबर 2 . में शनि मंदिर

बाजार संख्या 2 के ठीक पीछे शनि देव को समर्पित एक छोटा मंदिर भी है। शनिवार की शाम को शनि पूजा विशेष रूप से लोकप्रिय है।

सीआर पार्क में पॉकेट 40 नवपल्ली में एक छोटा मंदिर परिसर भी है।

4

दुर्गा पूजा और अन्य बंगाली त्यौहार

इस अध्याय में, हम सीआर पार्क में मनाए जाने वाले कुछ प्रमुख बंगाली हिंदू त्योहारों पर चर्चा करते हैं। ये त्यौहार सीआर पार्क का मुख्य आकर्षण हैं, जिन्हें देखने के लिए पूरी दिल्ली से लोगों की भारी भीड़ उमड़ती है।

4.1 दुर्गा पूजा

मुख्य बंगाली त्योहार होने के कारण, सीआर पार्क में दुर्गा पूजा बड़े पैमाने पर मनाई जाती है। लगभग हर ब्लॉक का अपना दुर्गा पूजा पंडाल होता है, जो उस पार्क में स्थित होता है जो प्रत्येक ब्लॉक के लिए समर्पित होता है। वे बंगाली कैलेंडर के अनुसार अक्टूबर में षष्ठी से दशमी तक पूरी पूजा करते हैं, साथ ही देवी को दैनिक अनुष्ठान जैसे पुष्पांजलि, आरती आदि भी करते हैं।

दुर्गा पूजा बंगालियों के लिए एक बहुत बड़ा सांस्कृतिक कार्यक्रम है, जिसमें बहुत सारे कलाकार और बच्चों की प्रतियोगिताएं होती हैं। यह आमतौर पर दशहरा उत्सव के समय आयोजित किया जाता है।

स्वादिष्ट भोग दुर्गा पूजा का मुख्य आकर्षण है, दोपहर के समय सभी पंडालों में भोग के लिए लोगों की लंबी कतारें लगती हैं।

एक विशिष्ट दुर्गा पूजा दिनचर्या में खाली पेट देवी दुर्गा को पुष्पांजलि देना, चरण अमृत और प्रसादम लेना, फिर दोपहर में भोग लगाना, फिर शाम को ढोल की थाप के साथ देवी की अंजलि को देखना शामिल है। बंगालियों का एक बड़ा शौक हर पंडाल में जाकर सांस्कृतिक कार्यक्रम देखना और रात में दोस्तों के साथ शॉपिंग और पंडाल की सैर करना है। बंगालियों के लिए, पूजा के दौरान मांसाहारी भोजन खाने की अनुमति है, और मटन बिरयानी, लुची चोला, घुघनी, फिश चॉप और निश्चित रूप से बंगाली मिठाई जैसे व्यंजन बहुत पसंदीदा हैं।

पूजा के दौरान, पूरा क्षेत्र दिल्ली के सभी हिस्सों से बंगालियों और गैर-बंगालियों के साथ पूजा की एक झलक पाने के लिए भीड़भाड़ वाला हो जाता है। पूजा उत्सव के समय पंडालों में

हर तरह के खाने के स्टॉल लगाए जाते हैं, साथ ही बच्चों के लिए फन फेयर भी लगाया जाता है।

सीआर पार्क और आस-पास के स्थान जहां आमतौर पर दुर्गा पूजा मनाई जाती है, उनमें निम्नलिखित शामिल हैं:

- बी ब्लॉक
- सहकारी मैदान
- मेला ग्राउंड
- डी ब्लॉक
- ई ब्लॉक
- नवपल्ली
- ग्रेटर कैलाश पार्ट 2
- पॉकेट 40
- कालकाजी

त्योहार के दौरान पंडालों को रचनात्मक और खूबसूरती से सजाया जाता है। इनमें से कई ने अतीत में अपने पंडाल डिजाइन के लिए कई पुरस्कार जीते हैं।

भारी भीड़ को प्रबंधित करने और सीआर पार्क में प्रत्येक ब्लॉक के निवासियों को प्राथमिकता देने और पूजा पंडालों की भारी लागत को वित्तपोषित करने के बोझ के कारण, कई दुर्गा पूजा आयोजकों के पास पूजा के लिए दान करने वालों के लिए एक पास प्रणाली है। एक पास दो लोगों को पूजा पंडाल में प्रवेश करते समय कतार से बचने की अनुमति देता है और इस प्रकार बहुत समय बचाता है।

विजय दशमी के दिन, अनुष्ठान किए जाने के बाद, आयोजक यमुना नदी में मूर्ति का विसर्जन करते हैं। दुर्गा मूर्ति विसर्जन के लिए स्थल आमतौर पर ओखला के पास कालिंदी कुंज स्थल में होता है जैसा कि दिल्ली सरकार द्वारा नामित किया गया है।

2020-2021 के कोविड महामारी और उसके बाद के लॉकडाउन के दौरान, मंदिरों और पंडालों को अधिकांश जनता के लिए बंद कर दिया गया और फेसबुक लाइव और यूट्यूब के माध्यम से दैनिक आरती और पूजा का प्रसारण किया गया। उनके पास मामूली कीमत पर निवासियों को भोग की होम डिलीवरी की सुविधा भी थी।

चित्र: सीआर पार्क में काली मंदिर में मनाई जा रही दुर्गा पूजा

चित्र: मेला ग्राउंड में खूबसूरती से सजाया गया दुर्गा पूजा पंडाल

Navapalli Puja Samity (Regd.)

CULTURAL PROGRAMME-2014

Durga Sasthi 30th Sept. 2014	8 p.m. AGOMONI by Navapalli Talents Direction: Shelly Das	9 p.m. SUREY-O-CHANDEY By Navapalli Choir Group Direction: Avik Chatterjee	10 p.m. SONGS OF TAGORE By **Sreya Guhathakurta** Kolkata
Maha Saptami 1st Oct. 2014	8 p.m. A Dance Recital "Trinayani Maa" By Navapalli Talents Direction: Ajanta Bhattacharya Concept: Archana Acharya	9.15 p.m. Songs & Mimicry By Abin Sinha of Ayushman Bhava (Local)	10.15 p.m. **"Marjina Abdullah"** A Dance Drama By Navapalli Talents Direction Satarupa Acharya
Maha Astami 2nd Oct. 2014	8.30 p.m. Dance Compositions **A Tribute to** THREE LEGENDS OF INDIA S. D. Burman Manna Dey Kishore Kumar by Navapalli Talents Direction: Sumita Hore	9.45 p.m. Karaoke Songs by **Asmita Chakravarty** (Local)	10.15 p.m. **"EMILI THE WIFE NETAJI"** ONE ACT PLAY By Navapalli Natya Sangstha
Maha Navami 3rd Oct. 2014	8.30 p.m. Songs by **Sampa Kundu** Kolkata	9.30 p.m. **"Sarod Argho"** A programme based on songs by Navapalli Talents on SARODOTSAV Direction:	10.45 p.m. Instrumental Orchestra By **SPECTRUM**

चित्र: नवपल्ली में दुर्गा पूजा के दौरान सांस्कृतिक कार्यक्रमों का एक स्नैपशॉट

4.2 काली पूजा

काली पूजा, दीपावली के त्योहार के दिन, देवी काली की रात भर की पूजा है। दुर्गा पूजा के समान स्थानों में कई ब्लॉकों में काली पूजा भी आयोजित की जाती है, लेकिन दुर्गा पूजा की तुलना में छोटे पैमाने पर।

काली पूजा के लिए लोग पूरे दिन का उपवास रखते हैं और वास्तविक पूजा आधी रात के आसपास शुरू होती है और 2 से 3 घंटे तक चलती है। पूजा पूरी होने के बाद लोगों को देवी काली का भोग लगाया जाता है।

चित्र: मार्केट नंबर 2 पर खूबसूरती से सजाया गया काली पूजा पंडाल

4.3 सरस्वती पूजा

सरस्वती पूजा बंगाली कैलेंडर के अनुसार फरवरी और मकर संक्रांति के समय सीआर पार्क में मनाए जाने वाले पारंपरिक बंगाली हिंदू त्योहारों में से एक है। यह छात्रों का पसंदीदा है, क्योंकि मां सरस्वती ज्ञान और विद्या की हिंदू देवी हैं। यह आमतौर पर सुबह में आयोजित किया जाता है, और इसमें खाली पेट देवी की पुष्पांजलि शामिल होती है।

सीआर पार्क में एक बंगाली माध्यम के स्कूल रायसीना बंगाली स्कूल के छात्र और शिक्षक सरस्वती पूजा आयोजित करने का बीड़ा उठाते हैं। हालाँकि, प्रत्येक ब्लॉक जहाँ दुर्गा पूजा मनाई जाती है, वहाँ भी सरस्वती पूजा का उत्सव मनाया जाता है।

चित्र: सीआर पार्क में सरस्वती पूजा

4.4 लक्ष्मी पूजा

लक्ष्मी पूजा देवी लक्ष्मी को समर्पित है जो समृद्धि और धन की हिंदू देवी हैं। यह आमतौर पर दुर्गा पूजा के एक सप्ताह बाद सीआर पार्क में भी मनाया जाता है। यह आमतौर पर शाम के समय आयोजित किया जाता है और देवी की पांचाली पढ़ी जाती है और फूल और प्रसाद चढ़ाया जाता है।

प्रत्येक ब्लॉक पार्क में छोटे पंडालों में देवी लक्ष्मी की मूर्तियों को रखा जाता है और उनकी पूजा की जाती है। बहुत से लोग अपने घरों के अंदर लक्ष्मी पूजा करना पसंद करते हैं।

4.5 सांस्कृतिक उत्सव

सीआर पार्क में कुछ महत्वपूर्ण बंगाली सांस्कृतिक उत्सव जैसे रवींद्रनाथ का जन्मदिन और काजी नजरूल का जन्मदिन भी मनाया जाता है। आमतौर पर, संगीत, नृत्य और नाटकों सहित एक सांस्कृतिक कार्यक्रम होता है। इनके लिए स्थान आमतौर पर सीआर पार्क काली मंदिर, बिपिन चंद्र पाल भवन, महिला समिति और बंगिया समाज का सभागार है।

5

सीआर पार्क में बाजार

इस अध्याय में, हम सीआर पार्क में चार बाजार परिसरों पर चर्चा करते हैं।

सीआर पार्क में चार बाजार हैं, क्रमांकित बाजार 1 से 4। इन बाजारों के बारे में दिलचस्प बात यह है कि बंगाली भोजन, किराने का सामान, बंगाली फिल्म और संगीत डीवीडी और बंगाली किताबें आसानी से उपलब्ध हैं। लगभग सभी दुकानदार, यहां तक कि नाई की दुकान और किराने का सामान भी कम से कम थोड़ी सी बंगाली बोलना जानते हैं। हालांकि कई दुकान कर्मचारी यूपी और बिहार से आते हैं, उन्होंने सीआर पार्क के मुख्य रूप से बंगाली निवासियों की सेवा करने के लिए बंगाली में बातचीत करना सीख लिया है।

चित्र: सीआर पार्क में मार्केट नंबर 1 की दुकानें

चित्र: दुर्गा पूजा "शरोदिया" बाजार 1 में बिक्री पर पुस्तकें

चित्र: सीआर पार्क में बाजार 1 में मछली बाजार

चित्र: दुर्गा पूजा "शरोदिया" बाजार 1 में बिक्री पर पुस्तकें

चित्र: बाजार संख्या 1 में बनिक दशकर्म भंडार की दुकान

5.1 मार्केट नंबर 1

मार्केट 1 एक बहुत बड़ा बाजार है जहां भोजन, किराने का सामान और अन्य वस्तुओं की कई तरह की दुकानें हैं। इसमें दूध की वस्तुओं और आइसक्रीम, कई फास्ट फूड स्थानों, सीडी डीवीडी और मोबाइल फोन की दुकानों, बंगाली मिठाई की दुकानों और कुछ बनिक दशकर्म भंडार की दुकानों के लिए एक मदर डेयरी स्टॉल भी है। इसमें एक नाई की दुकान और एक फोटो स्टूडियो भी है। दुकानों के बगल में मछली बाजार है। काली मंदिर भी है। पास में ही फूलों की दुकान है। शंभू बुक स्टॉल में बंगाली किताबें और समाचार पत्र हैं।

चित्र: सीआर पार्क में बाजार संख्या 2 का बाहरी भाग

5.2 बाजार संख्या 2

मार्केट 2 संभवत: सीआर पार्क (या बाजार 1 के समान) का सबसे बड़ा बाजार है। इसमें कई तरह की दुकानें के साथ-साथ मछली बाजार भी है। इसके मुख्य बाजार के पीछे एक छोटा सा शनि मंदिर है। इसमें कई स्ट्रीट फूड स्टॉल हैं और शाम को यहां भीड़ लग जाती है।

चित्र: सीआर पार्क में मार्केट नंबर 3 की दुकानें

5.3 बाजार संख्या 3

यह बाजार ब्लॉक ए और बी के पास एक ऊंचे मंच पर स्थित है। यह बाजार 1 और 2 की तुलना में छोटा बाजार है। इसमें कई किराना स्टॉल, फूलों की दुकानें और भोजनालय भी हैं। इस मार्केट में टेस्टी फिश चॉप्स और फ्राइड फिश कटलेट मिलते हैं।

चित्र: सीआर पार्क में मार्केट नंबर 4 की दुकानें

5.4 बाजार संख्या 4

मार्केट नंबर 4 थाने के बगल में और काली मंदिर के सामने स्थित है। इसमें एक डाकघर, एक नाई की दुकान, मदर डेयरी की दुकान, इलेक्ट्रॉनिक्स की दुकान, फार्मेसी, फूलों की दुकान, खाने की दुकान, मिठाई की दुकान, किराना की दुकान और बैंक के एटीएम हैं।

6

सीआर पार्क में पार्क और खेल के मैदान

सीआर पार्क के प्रत्येक ब्लॉक में एक संलग्न पार्क और खेल का मैदान है। उसी के अनुसार इनका नामकरण भी किया जाता है, जैसे बी ब्लॉक पार्क, के ब्लॉक पार्क आदि।

कभी-कभी, सीआर पार्क के एक ब्लॉक में घरों की संख्या के आधार पर एक से अधिक पार्क या खेल के मैदान हो सकते हैं। एक छोटे से पार्क के चारों ओर 10-15 घरों के प्रत्येक समूह का निर्माण किया गया है।

चित्र: मार्केट नंबर 2 के पास नेताजी सुभाष चंद्र बोस पार्क

सबसे बड़े पार्क को "मेला ग्राउंड" कहा जाता है, जहां सबसे बड़ी दुर्गा पूजा भी होती है।

पार्कों की उपस्थिति पूरे क्षेत्र को और अधिक हरा और सुखद बनाती है, और स्वस्थ और प्रदूषण मुक्त हवा में भूमिका निभाती है।

इनमें से कई पार्क युवाओं द्वारा दिन में क्रिकेट या फुटबॉल खेलने के लिए उपयोग किए जाते हैं।

चित्र: पॉकेट 40 सीआर पार्क में एक पार्क में बच्चों का खेल का मैदान

7

सीआर पार्क में स्ट्रीट फूड

सीआर पार्क में स्ट्रीट फूड में बंगाली किस्म की एक विशाल विविधता है। कई तरह के स्वादिष्ट व्यंजन मिलते हैं। फुचका (जिसे पानी पुरी भी कहा जाता है), घुघनी, मोमो, काठी रोल, फिश चॉप्स, बंगाली स्टाइल मटन और चिकन बिरयानी और पुलाव और बंगाली मिठाइयाँ जैसे रसगुल्ला और चमचम हैं।

1 से 4 बाजारों में आमतौर पर कई फूड स्टॉल होते हैं। उनमें से ज्यादातर केवल टेकअवे या पार्सल भोजन के लिए होते हैं, हालांकि कुछ रेस्तरां में खाने के दौरान बैठने के लिए कुर्सियां होती हैं।

चित्र: मार्केट नंबर 1 में स्ट्रीट फूड की दुकानें

चित्र: दुर्गा पूजा उत्सव के दौरान मार्केट 1 में फूड स्टॉल का आनंद लेने में व्यस्त लोग

चित्र: मार्केट नंबर 1 में बंगाली स्ट्रीट फूड का मेनू

चित्र: बाजार संख्या 2 में अन्नपूर्णा स्वीट हाउस में बिक्री पर बंगाली शैली की पारंपरिक मिठाई

8
सीआर पार्क में किताबों की दुकान

सीआर पार्क में कुछ किताबों की दुकान है। विभिन्न बाजारों में स्टेशनरी की दुकानें भी हैं। बंगाली संगीत और फिल्मों की सीडी और डीवीडी भी 1 से 4 के बाजारों में स्थित हैं।

चित्र: मार्केट नंबर 2 में आनंद प्रकाशन बुक शॉप

8.1 आनंद प्रकाशन बुक शॉप

आनंद प्रकाशक किताबों की दुकान प्रसिद्ध लेखकों द्वारा उपन्यास और नाटकों और गैर-कथाओं सहित विभिन्न बंगाली किताबें बेचती है। यह मार्केट नंबर 2 में स्थित है।

चित्र: मार्केट नंबर 1 में शंभू बुक स्टॉल

8.2 शंभू बुक स्टाल

मार्केट नंबर 1 में शंभू बुक स्टॉल में बंगाली अखबार आनंद बाजार पत्रिका और वर्तमान सहित कई अखबार, पत्रिकाएं और बच्चों की किताबें बिकती हैं।

आसपास के प्रखंडों के निवासी शंभू बुक स्टॉल से सीआर पार्क स्थित बंगाली समाचार पत्रों को उनके घरों तक पहुंचाने की व्यवस्था कर सकते हैं।

यह स्टाल विशेष रूप से देश, आनंदमेला और नबाकलोल जैसे बंगाली पत्रिकाओं के "शारदिया" या दुर्गा पूजा के विशेष संस्करण प्राप्त करने के लिए एक अच्छी जगह है।

9
बंगाली सांस्कृतिक संघ

इस अध्याय में हम सीआर पार्क में स्थित कुछ महत्वपूर्ण सांस्कृतिक और परोपकारी संगठनों को देखते हैं।

चित्र: चित्तरंजन भवन, देशबंधु मेमोरियल सोसायटी

9.1 देशबंधु चित्तरंजन मेमोरियल सोसायटी

सीआर पार्क का नाम महान स्वतंत्रता सेनानी देशबंधु चित्तरंजन दास के नाम पर रखा गया है।

उनके सम्मान में, मार्केट नंबर 1 के ठीक बगल में चित्तरंजन भवन और पुस्तकालय नामक एक सामुदायिक भवन है। इनका प्रबंधन देशबंधु चित्तरंजन मेमोरियल सोसाइटी द्वारा किया जाता है।

चित्तरंजन भवन के परिसर में कई सामाजिक गतिविधियाँ जैसे चिकित्सा परीक्षण, बंगाली भाषा की कक्षाएं, कराटे और नृत्य जैसे बच्चों के लिए कक्षाएं और एक पुस्तकालय की व्यवस्था समाज द्वारा की जाती है।

सोसायटी की वेबसाइट है https://chittaranjanbhawan.com/

पता: सी-405ए, चित्तरंजन भवन, बिपिन चंद्र पाल मार्ग, चित्तरंजन पार्क दिल्ली, भारत 110019

चित्र: बंगिया समाज का भवन

9.2 चित्तरंजन पार्क बंगिया समाज

चित्तरंजन पार्क बंगिया समाज एक ऐसा संगठन है जो सामाजिक सांस्कृतिक कार्यक्रमों को बढ़ावा देता है। यह 1970 में स्थापित किया गया था। चित्तरंजन मेमोरियल सोसाइटी के

ठीक बगल में उनका एक बड़ा हॉल है। हॉल में एक पुस्तकालय, जिम और सभागार है जहाँ नाटकों का आयोजन किया जाता है।

हॉल को सीआर पार्क के निवासियों द्वारा विवाह और अन्य सांस्कृतिक कार्यक्रमों के आयोजन के लिए बुक किया जा सकता है।

बंगिया समाज की वेबसाइट है https://bangiyasamaj.org/

पता है: बंगिया समाज भवन, सी-405, चित्तरंजन पार्क, नई दिल्ली, दिल्ली 110019

चित्र: ईस्ट बंगाल विस्थापित व्यक्ति संघ का भवन

9.3 पूर्वी बंगाल विस्थापित व्यक्ति संघ

यह एसोसिएशन पूर्वी बंगाल से विस्थापित हुए लोगों की सहायता के लिए है। उनके पास एक इमारत भी है जिसका स्थान काली मंदिर के सामने और बाजार संख्या 4 के बगल में है, जिसे सांस्कृतिक कार्यक्रमों और बैठकों के लिए बुक किया जा सकता है।

पता है ईस्ट बंगाल डिसप्लेस्ड पर्सन्स एसोसिएशन, I-1597, ब्लॉक I, चित्तरंजन पार्क, नई दिल्ली, दिल्ली 110019

9.4 पूर्बोश्री महिला समिति

पूर्बोश्री महिला समिति महिलाओं के कल्याण के लिए एक स्वैच्छिक संगठन है। इसका अपना समर्पित हॉल भी है जिसे सांस्कृतिक कार्यक्रमों के लिए किराए पर लिया जा सकता है।

यह सहकारी मैदान के सामने के ब्लॉक में स्थित है।

पता इस प्रकार है: पूर्बोश्री महिला समिति, के 1989, चितरंजन पार्क रोड, ब्लॉक के, ईपीडीपी कॉलोनी, चितरंजन पार्क, नई दिल्ली, दिल्ली 110019

10

सीआर पार्क में परिवहन के विकल्प

सीआर पार्क में बहुत कम सीधी बस सेवाएं हैं, और उनकी आवृत्ति कम है। हालांकि, ऑटो रिक्शा और ई रिक्शा निवासियों के लिए टैक्सियों के अलावा आवागमन के लिए उपलब्ध हैं।

कई निवासियों के पास अपनी कार भी है, हालांकि सीआर पार्क में कार पार्किंग एक लगातार समस्या है। नई शैली के फ्लैटों में कार पार्किंग के लिए बेसमेंट या भूतल में एक समर्पित स्थान है।

10.1 डीटीसी बस मार्ग

कुछ बसें हैं जो सीआर पार्क के पास जाती हैं, ज्यादातर कालकाजी के माध्यम से। हालाँकि ये बसें बहुत अधिक नहीं हैं। दिल्ली के कुछ हिस्सों के लिए अधिक बसें नेहरू स्थान से उपलब्ध हैं जो कि कुछ किमी दूर है।

डीटीसी बस 445 (नई दिल्ली रेलवे स्टेशन गेट 2 से कालका जी डीडीए फ्लैट्स) सीआर पार्क से होकर नई दिल्ली रेलवे स्टेशन से कालकाजी में डीडीए फ्लैट्स तक जाती है।

अन्य बस मार्ग 449 (पुरानी दिल्ली रेलवे स्टेशन से अंबेडकर नगर सेक्टर 5), 490 (राजेंद्र नगर आर-ब्लॉक से कालका जी डीडीए फ्लैट) और 724 सी (उत्तम नगर टर्मिनल से कालका जी डीडीए फ्लैट) हैं।

चित्र: ग्रेटर कैलाश मेट्रो स्टेशन का बाहरी प्रवेश द्वार

10.2 सीआर पार्क के पास मेट्रो स्टेशन

सीआर पार्क के पास दो मेट्रो स्टेशन हैं:

- दिल्ली मेट्रो की पिंक लाइन पर हाल ही में पूरा हुआ ग्रेटर कैलाश मेट्रो स्टेशन, सावित्री सिनेमा के ठीक बगल में और सीआर पार्क में बी ब्लॉक के बहुत करीब है।
- नेहरू प्लेस मेट्रो स्टेशन वायलेट लाइन पर सीआर पार्क से करीब 2 किमी की पैदल दूरी पर है।

10.3 सीआर पार्क में बिजली से चलने वाले ई रिक्शा

ई रिक्शा हाल ही में दिल्ली सरकार द्वारा सीआर पार्क सहित दिल्ली के कई इलाकों में पेश किए गए हैं। ये बिजली से चलने वाले, पर्यावरण के अनुकूल हैं और इनमें अधिकतम 8 लोग बैठ सकते हैं। वे बहुत किफायती भी हैं, सीआर पार्क के भीतर कहीं भी एक यात्रा 2022 में प्रति व्यक्ति 20 रुपये से अधिक नहीं होनी चाहिए। उन्हें सीआर पार्क के भीतर किसी भी स्थान से पकड़ा जा सकता है।

हालांकि, ई-रिक्शा आमतौर पर कॉलोनी से बाहर नहीं जाएंगे क्योंकि उनके मार्ग तय हैं। बाहर जाने के लिए एक ऑटो या अन्य कोई विकल्प जैसे बस, ओला और उबर टैक्सी आदि लेने की आवश्यकता होती है।

चित्र: सीआर पार्क में प्रयुक्त विद्युत चालित ई रिक्शा

10.4 परिवहन के अन्य विकल्प

ओला और उबेर टैक्सियों और अन्य निजी टैक्सी कंपनियों का उपयोग सीआर पार्क से आने-जाने के लिए भी किया जा सकता है।

11
सीआर पार्क के साथ बॉलीवुड फिल्में

सीआर पार्क कुछ बॉलीवुड फिल्मों की शूटिंग का स्थल भी है। इस अध्याय में हम उनकी चर्चा करते हैं।

11.1 विक्की डोनर (2012)

निर्देशक शूजीत सरकार की 2012 की फिल्म विक्की डोनर के कुछ दृश्य सीआर पार्क में शूट किए गए थे। कथानक नायक के बारे में है जो एक शुक्राणु दाता भी है जो सीआर पार्क में रहने वाली एक बंगाली लड़की से मिलता है।

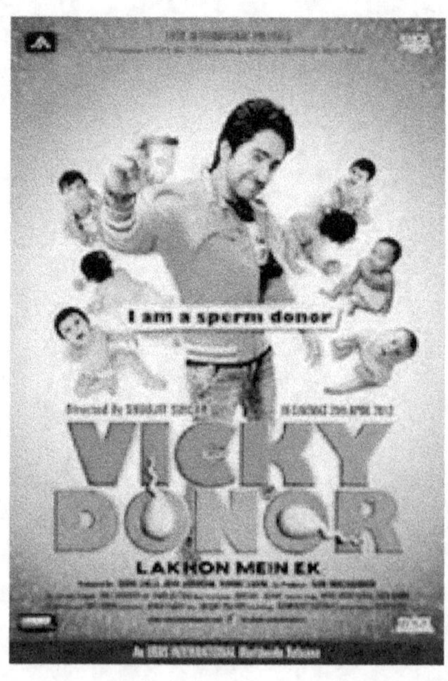

चित्र: फिल्म विक्की डोनर (2012) का पोस्टर

11.2 पीकू (2015)

शूजीत सरकार द्वारा निर्देशित 2015 की फिल्म पीकू की सीआर पार्क में शूटिंग हुई थी। अमिताभ बच्चन ने एक बुजुर्ग बंगाली पिता भास्कर बनर्जी और दीपिका पादुकोण को उनकी वास्तुकार बेटी पीकू के रूप में अभिनीत किया। यह बुजुर्ग पिता के आग्रह पर दिल्ली के सीआर पार्क में उनके घर से कोलकाता तक एक कार में एक लंबी सड़क यात्रा का वर्णन करता है।

फिल्म के बारे में दिलचस्प बात यह है कि यह सीआर पार्क में अपनी बेटी के साथ रहने वाले एक विशिष्ट सेवानिवृत्त व्यक्ति के जीवन और मानसिकता का मजाकिया और सहानुभूतिपूर्ण तरीके से वर्णन करता है।

चित्र: सीआर पार्क में आधारित फिल्म पीकू (2015) का पोस्टर

12
निष्कर्ष

इस पुस्तक में, हमने चित्तरंजन पार्क या सीआर पार्क में मुख्य बाजारों और अन्य स्थलों पर संक्षेप में चर्चा की है।

सीआर पार्क महत्वपूर्ण है क्योंकि यह एक सांस्कृतिक रत्न है, जो राष्ट्रीय राजधानी दिल्ली के मध्य में बंगाली संस्कृति को संरक्षित और बढ़ावा देता है। यह सभी को बंगाली संस्कृति का आनंद लेने में सक्षम बनाता है। कोई भी सीआर पार्क जा सकता है और स्वादिष्ट बंगाली भोजन और मिठाइयों का स्वाद ले सकता है, दुर्गा पूजा उत्सव में शामिल हो सकता है और रवींद्र संगीत सुन सकता है।

सभी संस्कृतियों की तरह, बंगाली संस्कृति भी गतिशील और बदलती है, और कई प्रभावों का मिश्रण है। सीआर पार्क एक ऐसी जगह है जहां संस्कृति की समृद्धि की सराहना की जा सकती है।

यह आशा की जाती है कि यह छोटी गाइड क्षेत्र का दौरा करने वाले लोगों के लिए उपयोगी हो सकती है।

लेखकों के बारे में

शिव प्रसाद बोस भारत में कानून के पहलुओं पर परिचयात्मक गाइड के लेखक और एक सेवानिवृत्त इलेक्ट्रिकल इंजीनियर हैं। उन्होंने कोलकाता के जादवपुर विश्वविद्यालय से इलेक्ट्रिकल इंजीनियरिंग की डिग्री प्राप्त की और मेरठ विश्वविद्यालय, मेरठ से कानून की डिग्री प्राप्त की। वह 15 साल से अधिक समय से नई दिल्ली के चितरंजन पार्क (सीआर पार्क) के निवासी हैं। वह पहले पुरानी दिल्ली के कश्मीरी गेट में रहते थे, कश्मीरी गेट में बंगाली लड़कों के स्कूल में पढ़ते थे और बंगाली क्लब में फुटबॉल खेलते थे।

जय बोस एक शोधकर्ता और डेटा वैज्ञानिक हैं।

शिव प्रसाद बोस की अन्य पुस्तकें

वसीयत और प्रोबेट का परिचय: भारतीय कानून के अनुसार

वरिष्ठ नागरिकों से दुर्व्यवहार: और इसे कैसे रोका जाये

पड़ोसियों के साथ समस्याएं: और इनसे कैसे निपटें

अदालती मुकदमों में मानसिक शक्ति बढ़ाएं

परक्राम्य लिखतों का परिचय

विवाह कानूनों का परिचय

पुस्तकों और ई-पुस्तकों को स्वयं प्रकाशित करें

अदालती मामलों में देरी: कारण और समाधान

पेटेंट और पेटेंट कानून का परिचय

संपत्ति कानून का परिचय

टॉर्ट कानून का परिचय